¿DÓNDE

VIVO?

¿Dónde vivo?

EL DELFÍN

Montse Ganges
Jordi Sales

Combel
EDITORIAL

www.combeleditorial.com

¿HAY ALGUIEN AHÍ?

¿Hay alguien ahí?

2

3

¡SÍ! ¡ES EL DELFÍN!
PERO ¿DÓNDE VIVE EL DELFÍN?

¡Sí! ¡Es el delfín!
Pero ¿dónde vive el delfín?

4

5

¿EL DELFÍN VIVE EN UN VASO DE AGUA?
¡NO, NOOOOOO!
QUE ES DEMASIADO GRANDE
Y NO CABRÍA.

¿El delfín vive en un vaso de agua?
¡No, nooooooo!
Que es demasiado grande
y no cabría.

6

¿EL DELFÍN VIVE EN UNA BAÑERA?
¡NO, NOOOOOO! QUE NO PODRÍA NADAR
Y LA VACIARÍA CADA VEZ
QUE DIERA UN SALTO.

¿El delfín vive en una bañera?
¡No, noooooo! Que no podría nadar
y la vaciaría cada vez
que diera un salto.

9

¿EL DELFÍN VIVE EN UNA FUENTE?
¡NO, NOOOOOO!
QUE TENDRÍA EL GRIFO SIEMPRE ABIERTO
Y NO DEJARÍA BEBER A NADIE MÁS.

¿El delfín vive en una fuente?
¡No, noooooo!
Que tendría el grifo siempre abierto
y no dejaría beber a nadie más.

¿EL DELFÍN VIVE EN UNA PISCINA MUNICIPAL?
¡NO, NOOOOOO!
QUE NO LE GUSTARÍA NADAR
CON GORRO Y GAFAS.

¿El delfín vive en una piscina municipal?
¡No, noooooo!
Que no le gustaría nadar
con gorro y gafas.

12

¿EL DELFÍN VIVE EN LAS NUBES?
¡NO, NOOOOOO!
QUE NO PUEDE VOLAR Y SE CAERÍA.

¿El delfín vive en las nubes?
¡No, noooooo!
Que no puede volar y se caería.

14

15

¿EL DELFÍN VIVE EN EL LAGO NESS?
¡NO, NOOOOOO!
QUE ALLÍ YA VIVE UN MONSTRUO
QUE SE LLAMA NESSY
Y LO ECHARÍA DE SUS AGUAS.

¿El delfín vive en el lago Ness?
¡No, noooooo!
Que allí ya vive un monstruo
que se llama Nessy
y lo echaría de sus aguas.

16

17

¿EL DELFÍN VIVE EN EL MAR?
¡SÍ, SÍÍÍÍÍÍ!
QUE ALLÍ TIENE MUCHO ESPACIO
PARA NADAR, SALTAR,
PERSEGUIR BARCOS Y PESCAR.

¿El delfín vive en el mar?
¡Sí, síííííí!
Que allí tiene mucho espacio
para nadar, saltar,
perseguir barcos y pescar.

18

¡HOLA!

20

SOY UN DELFÍN MULAR. LOS DELFINES SOMOS MAMÍFEROS PORQUE NUESTRAS CRÍAS NACEN DEL VIENTRE DE LA MADRE.

21

AL NADAR, A MENUDO SALTAMOS FUERA DEL AGUA PARA PODER RESPIRAR. TOMAMOS AIRE A TRAVÉS DE UN ORIFICIO QUE TENEMOS EN LA CABEZA Y QUE SE LLAMA ESPIRÁCULO.

LOS EMBARAZOS DE LAS HEMBRAS DURAN UN AÑO. LA MADRE ENSEÑA A SUS CRÍAS UNA ESPECIE DE SILBIDO PARA QUE LA PUEDAN RECONOCER CUANDO LAS LLAME. LOS DELFINES TENEMOS NUESTRO PROPIO LENGUAJE: NOS COMUNICAMOS CON SONIDOS, SALTOS Y BAILES.

NO TODOS LOS DELFINES SOMOS
IGUALES. EN EL MUNDO HAY HASTA
34 ESPECIES DISTINTAS. ¿QUIERES
QUE TE PRESENTE ALGUNAS?

ORCA

DELFÍN DE HOCICO LARGO

CALDERÓN

DELFÍN OSCURO

¡HASTA PRONTO! ¡OS ESPERO EN EL MAR!

¡Hasta pronto! ¡Os espero en el mar!

24